늑대의 발톱

최춘희 시집

시인의 말

머지 않아 인간복제가 가능할지도 모르는 세상에 살면서 아직도 우리가 알 수 없는 원인불명의 난치질환이, 이름도 낯선 숱한 희귀병이 존재한다는 걸 병원을 내 집 드나들듯 친해지면서 몸으로 깨닫게 되었다. 수술자리가 채 아물기도 전에 같은 수술을 다시 받았다. 처음에는 억세게 운이 없다고 생각했지만 지금 생각은 그렇지 않다. 그것도 신이 내린 축복이라면 축복이 아니겠는가. 이 빛나는, 싱싱한 생명의 초록빛과 눈부신 햇살의 폭포를 전신으로, 알몸으로 느낄 수 있다는 것에 감사한다. 살아 있음이 참으로 행복하다.

늑대의 발톱에 찢긴 시의 심장을 꺼내 놓는다.
만져보니 뜨겁고 붉다.

2005년 초겨울
최춘희

차 례

● 시인의 말

제1부

올챙이가 쓴 책 한 권 ── 11
붉은 다리 아래 따뜻한 물 ── 12
지루한 하루 ── 14
빈집 ── 16
도드리 ── 17
어떤 풍화 ── 18
빈 둥지에 남은 것 ── 20
화살나무는 화살이 되지 못했다 ── 22
곡우穀雨 ── 23
뻐꾸기 애인 ── 24
달개비 ── 25
소리 깊은 집 1 ── 26
소리 깊은 집 2 ── 27
소리 깊은 집 3 ── 28
소리 깊은 집 4 ── 29
소리 깊은 집 6 ── 30
소리 깊은 집 9 ── 31
소리 깊은 집 10 ── 32
소리 깊은 집 11 ── 33

소리 깊은 집 12 —————— 34
노을이 우두커니 —————— 35
안개바다 —————— 36

제2부

순비기꽃에 길을 묻다 —————— 39
과메기 —————— 40
꽃잎을 슬픔처럼 달고 —————— 42
알약들 —————— 44
눈치 없어 '누치'라고 불린다는 —————— 45
바람 아래 그 집 —————— 46
밥상 물리고 싶은 아침 —————— 48
거리에 서서 —————— 49
멍 —————— 50
붉은 잎사귀 하나가 —————— 51
말티 가는 길 —————— 52
유원지에서 —————— 53
술래 —————— 54

거북이 ─── 55
꿈 이야기 ─── 56
늑대의 발톱 1 ─── 57
늑대의 발톱 2 ─── 58
즐거운 산책자 ─── 59
그러나 나는 독서 중 ─── 60
봄소식을 받다 ─── 62

제3부

봄날 ─── 65
도깨비바늘처럼 수많은 그리움 매달고 서서 ─── 66
봄날의 기차는 떠나네 ─── 67
나는 저 너머로 공간이동 중이다 ─── 68
떨켜 ─── 69
검은 연미복 ─── 70
인간은 달과 같아서 ─── 71
변신 ─── 72
달걀 속의 詩 ─── 74

웃는 하느님 ──── 75
공도空島 ──── 76
햇빛 속으로 ──── 77
꽃보다 아름다워 ──── 78
초록빛 적멸 ──── 79
비 내린 아침 숲에 들면 ──── 80
휴대폰과 나만의 이미지를 위한 접속 프로그램 ── 82
맨드라미, 맨드라미 ──── 83
풀씨 몇 개 마른 볕의 입김으로 ──── 84
열매는 뜨겁다 ──── 85
감자 꽃, 어머니 ──── 86
군자란 ──── 87
생은 협궤열차를 반복한다 ──── 88

▨ 최춘희의 시세계 | 김유중 ──── 90

제1부

올챙이가 쓴 책 한 권

다랑 논* 얕은 물속에 꼬물꼬물
검은 점자點字로
봄이 왔다고
꽃 핀 자리 서럽도록
산 꿩 운다고
여백도 없이 촘촘히
시도 쓰고
동화 쓰고
그림일기도 한 장
멋지게 그려 넣었네

  사자골 약수터 나무의자에 배낭 하나 던져놓고 동네 꼬마들 와와, 웃음폭탄 터뜨리며 산길로 달음박질치고 그 모습 쳐다보며 할머니 할아버지 소주잔 건네다 오징어다리 찢어 사이좋게 입에다 넣어주시고 아저씨 아줌마 철철 넘치는 샘물에 입가 적시며 슬그머니 바가지 내려놓는 사월의 하룻날

* 비탈진 산골짜기에 있는 층층으로 된 좁고 작은 논배미

붉은 다리 아래 따뜻한 물

　수술 받을 부위를 간호사가 미리 면도해 놓고 있다
　균에 감염되면 큰일이라며 솜털 하나까지도 하얗게 밀어놓는다
　땀구멍 가득 소름이 돋고 벌목된 몸 숲에서
　날아오르는 검은 새떼, 깃털 떨어진 자리마다
　핏방울 고인 살비듬이 아프다

　(그 여자의 몸속에 물이 차올라 솟구치다가
　강으로 섞여드네 강에 사는 물고기 그 여자의
　양수에서 자라는 눈먼 자식들이네
　세상의 빛 보지 못한 채 어둠의 자궁 속에서
　긁혀 나간 꽃 피지 못한 살덩이의 무게 기억하는지?
　붉은 다리아래 따뜻한 물 흐르고 흘러 어디로 가나
　물병자리 지나 물고기자리로 숨어든 물길 길 잃고 헤매는데
　잡히지 않는 기억의 통로를 따라 화들짝, 날아오르는
　새가 된 수만 마리 물고기의 환영 뿌리치며
　두 손에 쥐어진 건 빈 허공 한줌뿐이네)

　수술대 위에 누워 쳐다 본 천정은 철지난 바다 같았다

혈관을 타고 마취주사액이 꽂힐 때까지 숨소리 하나 들리지 않고
절대 절명의 순간 시간의 바퀴 헛돌았다

지루한 하루

피를 뽑고 약을 타고
지루한 하루의 시작이다
병원 전광판 앞에 사람들은
무표정한 얼굴로
자기 번호가 불 켜지길
기다리고
팔뚝에 꽂힌
주사바늘 따라 방울방울 떨어져 내리는
삶의 애착들
병든 가슴과 폐를 절개한 채
산소 호흡기 쓴 하루가 긴 그림자 끌며
복도 끝에서 얼굴 내민다
밤새도록 정체 모를 너에게 쫓겨
가위 눌렸다
눈을 뜨려고 안간힘 써도
눈꺼풀은 열리지 않고
소리는 반 토막 되어 목구멍에 걸려
헉헉거릴 뿐,
나는 자꾸만
나를 잃어버리고 시간은

거꾸로 흘러간다

빈집

산그늘 밑 웅크린 집 한 채 있네
기억의 끝에서 지워진지 오래된 집
햇빛도 발걸음 비켜가고
밤이면 숨죽여 우는
이 집의 주인은 어디?

생각은 잠시
마음의 늪 건너뛰고
나, 이미 오래된 빈집이네

도드리*

  부패된 향기 병실 안을 꽉 채우고 있다 닫혀진 문틈사이 물컹거리는 살집 헤집고 딱딱한 비누 같은 영혼 시궁쥐처럼 갉아먹으며 상처에서 뿜어지는 역한 핏물과 고름 발효되어 흘러 넘친다 코에 연결된 산소 줄, 오줌보에 꽂혀진 소변 줄, 시퍼렇게 멍든 팔목 힘겹게 매달린 링거병, 수술 부위에 박혀 끊임없이 토마토즙액 같은 핏물 게워내는 피 주머니 주렁주렁 매단 채 몸 밖으로 주르르―, 함부로 내다버린 개숫물 같은 주워 담을 수 없는 생이 쏟아진다 나 이제껏 세상과 나를 향해 너무 악쓰고 살았다 한 번도 내 안의 당신에게 귀 빌려주지 못했고 세상 밖 무수한 소리 쓸어 담을 줄 몰랐다 잠겨진 문 두드린 죄, 남들 잠든 한밤중 노래 부른 죄, 나만 아픈 것도 아닌데 나만 아프다고 소리 지른 죄, 무엇보다 남의 소리 듣지 않고 혼자 떠든 죄 크다 어둠 속 하얀 실눈 박테리아 엄청난 식욕으로 뚱뚱한 알뿌리 키우고 있다 식도에서 입천장까지 푸른 곰팡이 피고 허옇게 버캐 낀 삶의 기침소리에 놀라 엉덩방아 찧는 당신, 이른 봄 참나무 새순처럼 실핏줄 밀어 올린다 등칡에만 알을 낳는 사향제비나비 꿈을 꾼다 빛의 생장점에서 날아오르는 무늬가 한없이 느리고 고요하다

* 국악장단의 한 가지. 이 장단에 맞춘 악곡이나 춤, 6박 1장단으로 구성되는 보통 속도임

어떤 풍화

검붉은 녹물이 내장 깊숙이 스며들었다
플러그가 뽑힌 채 쓰레기더미에 시체처럼 버려진 그,
생의 비의秘意를 읽던 잉크빛 푸르던 두 눈은 움푹 패인 채 전원이 꺼졌다
소용돌이치며 부풀어 오르던 거대한 자본의 빵 덩어리
부스러기 하나도 줍지 못한 채 폐기처분 고물이 되어버린
문명의 부장품, 누가 악취 풍기는 뒷골목 하치장에 던져 놓았나
이미 너무 많은 부품들이 뜯겨나가고 해체되었다
신제품 품평회에서 한때 인기 높던 신형모델이었지
내장된 반도체 칩 흔적도 없이 지워지고 형체도 뭉그러진 몸뚱이 그,
전생의 기억도 현생의 모든 것처럼 사라져버린 그, 치사량의
고압전류 흐르던 번쩍이던 뇌관 진창에 처박혔다
까맣게 타버린 외피의 어디에도 빛나던 시절의 훈장은 없다
비와 바람에 속절없이 녹슬어가고 삭아 내리는 그, 머리뚜껑 열린 채

헤벌쭉 입 벌리고 두 발은 한사코 아래로만 흘러내린다
아날로그에서 디지털로 최첨단 속도로 텅, 텅, 텅 비워지는
기계인간의 세상 어디에도 그가 살았던 흔적 남지 않는다

빈 둥지에 남은 것

마른 검불들 타액으로 잘 버무려
뒷산 솔바람 조금 떨궈서 만든 집
애기 밥그릇처럼 작게 웅크린 그곳에 살던
너희는 어디로 갔나
한 시절 붉은 꽃향기 흘려주고
방죽아래 피라미 떼 꼬리치며 물소리 풀어놓더니
깃털 하나 남기지 않고 머물다 떠난 자리
푸석거리는 부화의 날개 짓
눈감았다 뜨니 어느새 서리 내렸네
여린 부리 끝에 머물던 햇살
한 움큼의 온기로 세상은 날아오를 수 있는
넓이와 깊이를 풀어주었나
밤이면 비가림도 되지 못하는 잠자리에서
서로의 체온 데워 몸을 녹이고
프레스에 잘린 손가락 마디만큼 시린 통증에
뼛속까지 울었으리라
겨울아침 산길 오르다 본다
하얗게 잔뼈 드러낸 잡목 덤불사이
위태롭게 매달린 바람아래 빈 둥지
어느 일가의 가족사 훔쳐 읽는다

한때는 집이었고
전 생애의 목숨이었고
따스한 희망이었던

화살나무는 화살이 되지 못했다

저의 내부에
황금빛 과녁 있는 줄 모르고
평생을 떠돌았으리
구름은 높은 곳에서 왕성한 생명력으로
수많은 그림 그렸다 지워버리고
아직도 되어야 할 존재가 되지 못한 것들
생의 완성을 위해 미완의 곁가지 부러뜨린다
꽃을 피우려고 잠시 어둠 속에 뿌리 눕히듯
하루치 희망을 위해 절망을 독약처럼
삼키는 밤도 있다
초록 잎 눈부신 아우성 들으려면
뿌리 흠뻑 적셔
지루한 장마의 터널 지나가야 한다

화살나무에 화살 없다

곡우穀雨*

봄 산부인과의 문이 열리고 닫힌다
만삭의 임부 커다랗게 부푼 배 앞으로 쑥 내밀고
햇빛에 눈부신 듯 손 차양을 하며
보도블록에 내려선다
모서리가 둥근 유모차에 이제 막 옹알이 시작한
아기 벙긋벙긋 무엇이 그리 좋은지
벌어진 목단이다

물이 오를 대로 오른 나무들
수액 뿜어 올려 잎잎이 푸르고
산란기 맞아 강을 거슬러 올라오는 누치떼
물차는 소리 귓속까지 환한
마음의 봄날

---

* 청명과 입하 사이에 있는 곡우穀雨는 긴 겨울이 끝나고 따스한 햇살 속 천지만물이 살아 움직이는 시기다

뻐꾸기 애인

시골로 이사 온 뒤
풀잎처럼 싱싱한 애인이 생겼다
야성의 소리로 잠 깨우며
생의 보너스 되어 내게 왔다
시계 속 뻐꾸기가 아닌 뻐꾸기
마음의 빗장 열어 젖힌다
어릴 적 아버지 등에 업혀
졸며 듣던 그 소리 같아
불혹의 고개에서 멈추어 서면
돌아보지 마라
돌아보지 마라
내 젊은 애인
심장에 서늘한 어퍼컷 날린다

달개비

고층아파트 풀밭아래
달이 성냥개비에 불을 붙였나
달개비 빛이 퍼렇다
퍼런 것은 독하다
두려운 건 아무 것도 없다며
달보고 삿대질
하는 달개비, 달의 개비

소리 깊은 집 1

누리장나무 둥근 열매마다
조등弔燈을 켜놓았다
작은 박새 새끼들 떼로 몰려다니며
이 집 저 집 문상이 바쁘다
땡볕아래 살 태우던 그 꽃
어디 갔을까 산길 오르다
발걸음 멈추고 문득 쳐다보는데
낯익은 얼굴 그늘에 기대 서 있다
하늘 향해 소지 올리며 어머니,
언제 여기까지 마중 오셨나
달려가 꽉 껴안아 본다 물기 없이
떨어져 내리는 나뭇잎, 생의 난수표 같은
잔가지 부러트리며 애면글면 왔다고
발아래 수북이 말을 떨구신다
고달픈 노역 지문으로 찍힌 손등 앙상하다
가을 조등弔燈 부풀어 오른다

소리 깊은 집 2

억새 우거진 수풀아래 두 줄기 물줄기 버려진 그 집 싸안고 있다 태아처럼 웅크린 채 달디단 잠의 젖니 삭아 내리고 있다 얼마나 오랫동안 버려졌는지 떨어져나간 문짝 잡초더미 속 허옇게 벌레 알 슬어 녹슨 문고리만 남았다 뻥-뚫린 검은 입, 마른 나뭇잎 같은 창의 흔적 아프고 지붕 밑 서까래 불에 그슬린 등뼈 눈에 밟힌다 귀기울이면 가만가만 어디선가 꺾인 풀처럼 목매달아 자살한 사람의 울음소리, 그늘 넓은 마당의 거친 숨소리, 소리가 깊다 패인 상처의 문지방 너무 가깝다 삶과 죽음의 경계 이토록 흔적 없다니! 아뿔싸, 나 또한 함부로 여기 들었구나 독 오른 뱀처럼 탯줄 끊어낸 폐가의 그림자 가슴에 묻는다 길을 잃은 자 아직은 붉은 노을 바다에 발 빠뜨리지 마라

소리 깊은 집 3
― 까마귀가 있는 풍경

송전탑 위에 중세의 수도사처럼 까마귀 떼 앉아 있다 간빙기를 건너온 날개 죽지 접은 채 바람을 가르는 고압선의 비명 견디고 있다 눈보라 몰아치는 겨울산정에 오직 난청의 귀 하나 열어놓고 아침이 열리길 기다리는 어둠의 신탁자, 나는 오늘도 할 말을 놓치고 얼어붙은 말의 주검 건져 올린다 소리 깊은 소리 쑤셔 넣는다 소리의 기억을 지우는 또 다른 소리들 수 천만 볼트 전류가 되어 정수리에 내려꽂힌다

완강히 입 다문 소리여
꼿꼿이 검은 미라가 되어버린 예언자여

나 그대에게 생의 첫 새벽을 바치리

소리 깊은 집 4
― 병病

그리움의 종기 피 흘리고 있어

돌덩이에 머리 깨진 아이처럼 뒹굴고 있어

목젖을 물어뜯으며 굶주린 이리처럼 으르렁거리고 있어

독버섯처럼 심장을 아귀아귀 파먹고 있어

무너지는 무덤 속 당신은 내게

어둠에 적신 한 덩이 주먹밥 내밀었네

소리 깊은 집 6

비에 젖은 나무들
맨발로 절벽을 타고 있다
밧줄에 매달려
언제부터 저 길 걸어왔을까

길에서 시작해 길로 끝나는 영화처럼
집 한 채 저물고 있다
한세상 버티고 있다

소리 깊은 집 9
― 미나리꽝

삶은 누수 중中
조금씩 떨어져 나가는 살점들

막힌 물길 속에서
푸른 뇌수 뿜어 올리지

뇌 속 가득 꿈틀대는 거머리 떼
비명소리 들리니?

환장할 어둠의 자식들
자글자글 달라붙은 징한 새끼들

더 이상 가둬둘 수 없다고
악다구니 치며 뻗쳐오르는
시퍼런 칼날

소리 깊은 집 10
― 바람 무덤

　산꼭대기 바위 위 우뚝 선 시멘트 비석이 있다 처음 보았을 때 상투모양 돌덩이가 신기했다 가까이 가서보니 낭떠러지 떨어진 젊은 한 사내 넋을 기린 묘비였다 가슴 한쪽 구멍 뚫려 바람소리 몰아쳤다 햇빛 따스한 산기슭대신 사나운 바람잡이 터 집을 세운 심사라니, 그 옆에 쪼그리고 앉아 내가 올라온 길 내려다본다 안개에 가려 끊어졌다 이어지는 굽은 길 따라 나도 흠집 많은 육신 버리고 왔다 밤낮없이 비 새던 지붕아래 눈물인지 빗물인지 흘려보낸 날들 부질없고 누덕누덕 기운 욕망의 겉옷 걸레뭉치처럼 나뒹군다 외줄에 몸 매달고 암벽 오르듯 한세상 살아내고 싶었다 해찰하며 보내버린 길 위의 시절 비바람에 찢겨진 나뭇잎같이 썩어 간다 값싸게 팔아치운 저잣거리 영혼 너무 헐겁다 바위틈 비집고 악착같이 생을 칭칭 동여맨 저 소나무, 짙푸른 땀방울 떨어지는 거기, 솔향기 밟힌다 바람이 세운 바람무덤 가르고 새 한 마리 솟구친다 나도 솟구치고 싶다

소리 깊은 집 11
— 애월涯月

비 내리는 절벽 후려치며
일어서는 달의 뼈
어둠 속에 든 흰 뼈가
눈부셨다

소리에도 뼈가 있다는 걸
그때 보았다
마음의 절벽 하나 무너졌다

* 북제주군에 있는 마을 이름

소리 깊은 집 12

길을 걷다
열매 쪼는 박새 한 마리 만났다
깊이 쳐다보는 눈앞에서
태어나 눈도 못 뜨고 죽은
남동생 생각났다
날개가 없어 무거운 몸
언제쯤 가벼워져 날아갈까
하늘 매 발톱
눈 밑 그늘
푸르게 깊어져 가고
까만 눈알 굴리는 작은 영혼 앞에서
나는 자꾸 가을을 놓친다

노을이 우두커니

신발을 잃어 버렸다
떨어지지 못한 노을이 우두커니
턱 괴고 앉아 있다
어디로도 가지 못한 망가진 유모차
빈 바퀴 굴리고 있다
어제 이곳에서 한 아이가 죽었다
길을 건너다 화물트럭에 깔렸다
악몽을 뚫고 클로즈업되는 아이들
아무 일 없었다는 듯
노을은 핏빛으로 하늘을 물들인다
신발을 잃어 버렸다
어느 곳에도 갈 수 없었다

안개바다

산의 정점에 피서객들 빽빽하다
땀 흘리지 않고 자가용 타고 올라온 도시의
이방인무리 비웃듯
까마득한 골짜기 가득
뭉글뭉글 피워 오르는 물안개
누가 흙 한줌 밟지 않고
금지된 땅 서게 했을까
내려갈 지상의 어지러운 난장 쳐다보며
저마다 식솔 거느린 채 주린 배
채워 넣는 오늘의 유다들이여
길은 끊어져 보이지 않는다
왕성한 욕망으로 앞이 보이지 않는
안개의 방호벽 쌓고
스스로 갇혀버렸다
안개바다에는 노아의 방주가 없다

제2부

순비기꽃에 길을 묻다

　제주도 정鄭시인이 상자 가득 향기를 담아 보냈다 여름이면 바다 향해 잘디잔 보라색 꽃 피우는 해녀들이 물질할 때 꽃과 잎을 따 귀 막으면 아무리 깊은 물 속에서도 멀미가 나지 않는 순비기꽃 그는 바다 몰래 잎과 열매 뜯어 말렸다고 한다 깊고 서늘한 노래 발등 덮으며 내려오는 저녁, 햇빛 없는 그늘 자리 아픈 몸과 마음 길 떠나자 등을 떠미네 공복의 삶이여, 오늘은 너의 속 쓰린 얼굴 왜 이리 보고 싶으냐 한 번도 배불리 채워주지 못한 창자 깊숙이 약쑥향기 순비기꽃 저릿한 냄새 꾹꾹 눌러 담아 던지고 싶다 잎 진 겨울나무 숲 시퍼렇게 입술 터진 채 숨죽인 불씨, 환한 불꽃 되어 바다로 퍼져 나간다 어머니, 당신의 꽃 무덤 자궁 속으로 힘껏 자맥질하여 나, 다시 태어나요

과메기

이제 더 이상 귀찮게 하지 않을게
너의 모습 내게 보여줘, 기침 토할 때마다
바알간 여린 속살 무너진다
머리와 꼬리는 잘려져 어디에 있나, 몸통만
남아, 이렇게, 쓰디쓴, 막 소주 안주거리, 과메기
한 접시(한때는 깊은 바다 속 신나게 헤엄치던
지조 있는 물고기였지, 잘나가던 시절이었어)
도마 위에 시커먼 내장 토해놓은 채
촘촘히 박힌 잔가시마저 발려진 횟감으로 남을 줄
누가 알았겠어 세상일은 알 수 없는 일이지
'생각만큼 만만치 않은 세상살이 아니겠냐고'
잘 저며진 서로의 살 씹으며 술잔이 돌려지고
슬금슬금 기어드는 저녁안개에 젖는다
(오늘은 술이 하나도 취하지 않아 참 이상한 일이야
술 마시는 내가 싫었는데, 이게 잘 된 일일까)
입안 가득 번지는 비릿한 갯벌냄새 털어 넣으며
꽁꽁 묶여 공중에 매달린, 중심 잃고 흔들리는 너를
본다 아직은 소금기 싱싱하고 등 비늘 푸른……
(명퇴하기엔 너무 이른 나이였어 지금 막 시작했는데)

숨 한번 쉴 때마다 발작하듯 쏟아지는
기침 소리, 기침소리에 하루가 저물고
둥근 실직의 상머리에 놓여진
과.메.기 우리의 모습이 쓸쓸하다

꽃잎을 슬픔처럼 달고

흙먼지 정겨운 산길 들어서면
세월을 비껴 선 작은 마을 있지요
검푸른 물이끼 미끈거리는 실개천 따라
꽃잎들 지천으로 떠내려 와 숨 고르는 거기
사람은 없고 빈집만 남아 하루 종일
햇빛과 바람 숨바꼭질하고
앵두꽃 하염없이 꽃피우고 서서
제 그림자 지우지요
흰 눈같이 눈부신 꽃잎을 슬픔처럼 달고
봄날 향기에 취해 저물고 있지요
그렁그렁한 눈빛으로 그 옛날 꽃그늘 밑에서
누군가 말했지요
봄날은 짧고 사랑은 꿈처럼 지나간다고
그대가 심어 논 앵두나무에 꽃은 피고 지고
생채기진 자리마다 아픈 기억들
붉게 멍울 져 매달리지요
그래도, 누구나 한번쯤 세상에 한 그루밖에 없는
그런 꽃나무 갖고 싶지요
앵두꽃이
지뢰처럼 매복된 그곳에서

철없는 아이처럼 세상모르고 서성대지요

알약들

밤이나 낮이나
공격적이다
수많은 독성을 감춘 율법이다
거를 수 없는 한 끼니 밥이다 한시도
곁을 떠나지 않는 애인이다
머리에서 발끝까지
고문하고 회유한다
협상거부에 나선 내부의 적들
쉿!
확인사살 중이다

눈치 없어 '누치'라고 불린다는

  한 박자 어긋나고 늦기만 하는 물고기 본 적 있니? 다른 고기들
  가을에 잡힐 때 홀로 겨울에 잡혀 입맛 돋궈 준다는 물고기
  강의 북쪽 떠돌이로 헤매 다니다 빙판 위에서 버드나무 가지에
  꿰어 구워지는 저 물고기 날선 지느러미 번뜩이는 비늘 본 적 있니?
  대나무로 강물 깨울 때 너는 왜 숨지 못하고 섬진강 맑은 물
  깊이 숨지 않고 눈치 없이 잡혀야 했니? 눈치 없어
  '누치'라고 불린다는 물고기 눈치도 없이 눈이 내린다. 늦은 조문객처럼

바람 아래 그 집

그곳에는 천사들이 산다
문을 열면 연두 빛 풀밭이 있고
그 풀밭에서 몸 속 깊이 숨겨둔 날개 펼쳐 날아오르는
아직 인간의 몸을 가져 아픈 그들이 산다
소독약으로 균을 살균해야만
들어설 수 있는 곳
날 것이 아닌 익힌 음식물만 제공되는
지상 위의 완전 무균실 천국
천국으로 가려면 엘리베이터
숫자 버튼만 누르면 된다
그러나 세상의 죄업에 오염된 자 출입금지다
욕망의 유언비어 무단살포 뿌려대는
바이러스 보유자도 면회금지다
아름다운 비행을 끝내고 착륙하려는 순간
공중폭발 해버린 우주왕복선처럼
면역력 제로의 천사들
칸칸이 비닐 막 쳐진 방에서
절개된 상처 위에 생의 복음 덧바르며
푸른 싹 키워낸다
조금 더 사랑하는 사람들 옆에 머물고 싶어

밤의 절벽에 핀 생명의 붉은 불빛
그곳에는 아직도 천사가 산다
날개 접은 채 웅크리고 누운 천국의 세입자들
바람 속을 뚫고 바람 아래 그 집에 가고 싶다

밥상 물리고 싶은 아침

— 코뚜레 꿰인 생의 첫날
— 가시나무 온몸 흔들며 울고
— 뽀얀 젖무덤 얼굴 묻은 채 나 잠들고
— 창문턱에 가만가만 눈은 쌓이고

찬 밥상은 물리고 싶은 아침

뜨거운 물에 밥 말아먹고
하늘 한번 올려다 본다

거리에 서서

 누런 은행잎 보도블록 가득 쓸려간다 눈부신 황금빛으로 거리를 장식하더니 비바람에 떨어져 내려 발밑에 뒹굴고 있다 아름다운 건 너무 짧은 것일까 스쳐 가는 인연 꽃진자리 들여다보며 봄날을 다 보냈다 그 아픈 꽃자리 상처난 조개가 진주를 품듯 붉은 열매 하나 옹이처럼 매달려 익고 있다 마지막 남은 햇볕 온몸으로 빨아들이며 생의 모든 것 중심을 향해 응축시킨다 서리 낀 공기의 입자들 입김을 불며 가슴 한쪽 뚫고 지나가는 거리에 서서, 나도 당신에게 박혀 빛나는 이름이고 싶다

멍

독한 것에 마음을 베었다
마음이 멍멍했다
향기를 맡을 때는 몰랐다
꽃이 문 열어
나를 반기는 줄 알았다
산길 끝
활짝 문 열었던 꽃 속에서
깜깜 길을 놓쳤다

접근금지 표지판이 꽂혀 있었다

붉은 잎사귀 하나가

붉은 잎사귀 하나가
꽃밭을 물들이네
창밖에 흰 눈 내리고
가스불 심지는 타오르네
우리 집 거북이는 어디 갔나
어항 속에는 물풀만 자라네
전화벨은 한 번도 울리지 않고
발목 짓누르는 퇴행성관절염
잠든 피 깨우며 쳐들어와
텅 빈 오후 지키고 있네
지독히도 사람냄새 그리울 때
먼 곳에 소금기 날리는 편지를 쓰리라
붉은 잎사귀 하나가
내 눈 위에 그늘을 씌우네
뒷걸음치는 저문 마음들 침묵하며
서로의 체온으로 껴안고 있네

말티 가는 길

벼랑 끝자리
숨겨진 길
넘어간다

숨이 차 털털거리는 완행버스 뒤꽁무니 매달려
막무가내 무임승차한 생의 진눈깨비여
이제 그만
나를 놓아다오

유원지에서

계곡에 물이 없다
먼지 뒤집어쓴 돌멩이 뒹굴고
까만 오디열매 발 밑에 으깨진다
차를 몰고 와 쉬는 사람 안 보이는데
나무그늘 사이 햇살만 다녀간다
누군가 버린 빈 소주병 몇 개
배를 깔고 누워 있다
나도 나를 내려놓고 마른 물가에 앉았다
백운산 그늘이 먼저 날 따라왔다
땅속 깊이 물길 있다는 걸
산이 내게 가르친다
오늘은 계곡에 물이 없다

술래

흰 나비 한 마리가 무장다리 꽃 사이로 숨어 버렸다

꽃들이 해 저물도록
밭고랑 뒤지는
숨
바
꼭
질

거북이

엉금엉금
물 속을 나와 일광욕 즐긴다
손가락으로 툭 건드리면 깜짝 놀라
등껍질 속에 머리 집어넣는
수줍은 평화주의자
그는 죽을 때까지 푸르고 넓은
바다를 알지 못한다
사람이 던져주는 먹이에
사육 당하며 늙어 갈 뿐
저 유리 수족관이
세계의 전부다 그의 감옥이다

꿈 이야기

먼지 날리는 모래벌판 걸어갔다
목적지도 모르면서 걷고 또 걸었다
갑자기 커다란 밭 하나 펼쳐졌다
붉게 익어 매달린 풍요의 땅 거기 있었다
구원을 약속하듯 토마토가 달려 있었다
열매를 따기 시작하자 거대한 화산 솟구쳤다
핏빛으로 타오르는 소돔의 성채
내가 발견한 것은 더 이상 신의 땅이 아니었다
낙원에서 쫓겨난 자의 영혼은
어디서도 안식을 구할 수 없는 것일까
끝이 보이지 않는 길에서 나는 보았다
마르지 않는 사막의 금지된 땅
꿈속에서 비명소리는
목구멍에 가시처럼 걸렸다

늑대의 발톱 1

　루푸스*의 학명은 늑대의 발톱이다
　내게는 끝없이 쫓기는 도망자의 낙인이 찍혀 있다
　늑대의 발톱이다
　어둔 동굴 속에서 사람이 되기 위해 천 년을 기다렸으나
　나는 아직 반인 반수의 늑대인간
　불안과 공포가 나의 밥이다
　누가 내 몸에 늑대의 발톱을 박아 놓았나

* 자가면역질환의 일종

늑대의 발톱 2

한 번도 보지 못했죠
동물원 쇠창살에 갇힌
늑대에게 발톱은 없었지요
그림책에도 동물도감에도
그려져 있지 않았어요
꿈속에서도 화장실에 앉아 똥을 눌 때도
애인과 잠자다가도
궁금해서 미칠 것 같았어요
그런데 어느 날 아침
발가락부터 검은 털 솟더니
온 몸의 피 거꾸로 쏟아져 내렸어요
나는 너무 놀라 기절했지요
방울방울 떨어지는 주사액 맞으며
깨어났을 때 사람들이 말했지요
몸속에 늑대의 발톱이 박혔다고
흡혈귀처럼 피를 잡아먹는 중이라고
그래도 나는
아무도 모르게 동거해온 그에게
한 살림 잘 차려줄 작정이지요

즐거운 산책자

맨발로 숲을 걸었지
뽀송뽀송한 흙 아래
땅강아지 발바닥 간질거렸어
나무들 큰 키 구부려 머리 위에
고운 나뭇잎 떨궈 주었어
작은 아기다람쥐 꼬리를 올려
반갑다는 시늉을 했어
이름 모를 보라색 꽃 발 딛는 곳마다
환한 등불 달아 주었지
무거운 신발은 잊기로 했어
물소리 바람소리 죄다 따라와
귀 씻어주는 숲길
여기서는 누구나
즐거운 산책자라네

그러나 나는 독서 중

  내 몸의 자동센서 감지기가 고장이 났다 빈틈없던 방어 시스템이 무너져 내렸다 현관에 매달린 전등처럼 밤새도록 홀로 깨어나 깜박거리다 못해 담배연기를 가스냄새로 착각한 경보기처럼 무시로 경적을 울려댄다 가상의 적이 곳곳에서 창칼을 들고 창궐중이다 원하지도 않았는데 나는 또 하나의 나와 전쟁 중이다 어제는 때 아닌 눈이 내렸다 초가을에 눈이라니! 이번 여름에는 엄청난 폭우가 내려 온 나라가 물난리로 야단이었다 지구 저 편의 인도에서는 살을 태우는 불볕더위에 하루에도 수만 명씩 죽어나가고 멕시코 연안에는 떼죽음 당한 고래들이 흰 배를 드러낸 채 떠내려와 아우성이다 아, 불길해라 거리에서나 지하철에서 수도 없이 마주치는 사이비 예언자의 종말론이 가슴을 뜯어낸다 종횡무진 게릴라 전법으로 여기저기를 공격하는 세계를 향해 물밀 듯이 포문을 연 창세기이후 고장난 적 없던 자연의 초정밀 자동센서 감지기능을 상실해버린 세기말의 문턱, 환경학자는 지구의 마지막 허파꽈리 브라질 열대림을 보호해야 한다고 아우성이고 아기예수 오줌방울*은 하늘로 올라가 온 세계를 노아의 방주로 떠다니게 한다 모든 존재하는 것들의 자동면역 시스템이 갑자기 무너져 내렸다 캄캄한 내 몸 속 텅 빈 그곳도

비상 발전기조차 가동되지 않는다 드나드는 사람도 없는
데 사방에서 요란한 경보 울리고…… 그러나 나는 독서
중

* 엘니뇨 현상을 말함. 엘니뇨는 아기예수를 뜻한다

봄소식을 받다

문이란 문 다 열어 젖혀
하루 종일 햇빛과 논다
양지뜸 냉이, 꽃다지
푸릇푸릇 싹틔우고
개울가 버들강아지
흠뻑 물이 올라 간지럽다
콧노래 부르며 내려오는 산길
날아가던 까치 한 마리
물고 있던 나무삭정이
엣다! 봄소식이다
발밑에 툭 떨궈준다
올려다보니 하늘 귀퉁이 헐어
집짓기 공사 중
굳어 있던 몸의 피돌기도
그 말씀 반갑게 받아
심장을 따뜻하게 펌프질 한다

제3부

봄날

나비 한 마리의 날개 짓에 실려
봄이 오고 봄이 가고
불어오는 바람조차 어쩌지 못하는
참을 수 없는
존재의
어
지
럼
증

도깨비바늘처럼 수많은 그리움 매달고 서서

　주인 잃은 호박덩굴 가시철망 끝 심심한 얼굴이다 어디로 갔을까, 여기 살던 이 모두 어느 하늘밑 둥지를 틀었는지 철거반에 쫓겨 간 봄날 이후 소식 끊겼다 해마다 홍수가 져서 변소간 똥물 부엌이며 방으로 넘쳐흘렀다 이불이며, 티브이, 밥그릇…… 손때 묻은 살림살이 시커먼 어둠속 떠다니고 비에 젖은 뜬눈으로 밤을 지킨 그들에게 삶은 받아들일 수밖에 없는 억지일 뿐, 그 이상도 이하도 아니었다 아이는 자라서 어른을 앞지르고 가난은 자라서 가난의 굴레 덤으로 얹어 주었다 잡초 우거진 꽃밭 찾아오는 사람 없이 채송화, 금잔화, 맨드라미, 해바라기 뙤약볕 아래 이글거리고 하릴없이 나는 도깨비바늘처럼 수많은 그리움 매달고 서서 사람 떠나간 둑방 동네 해가 져도 불빛 한 점 켜지지 않는 골목길 향해 휘파람 불어본다

봄날의 기차는 떠나네

향기에 혼절한 꽃잎 지듯
기차가 가네
물오른 버들 바람에 흔들리고
그림자 없이 기차가 가네
살아 내야 할 그 무엇 있어
다음 기차를 기다리는데
깜깜한 터널 속으로
당신이 몸을 감추네
비명 같은 기적소리
봄날을 찢고 가네
기차 영영 떠나가네

나는 저 너머로 공간이동 중이다

피를 쏟으며 돌고 있어
지혈이 되지 않아
머리부터 발끝까지 구멍 뚫린
고기 덩어리
심장을 터뜨리는 충격 요법 가해지고 있어
반응하지 않는 눈동자를 봐
꺾인 손마디 시퍼런 멍 들었어
망치 든 하얀 가운의 지킬박사
골수까지 쇠파이프 때려 박고 있군
전면 게릴라전 알리는 총소리
여기저기서 탕, 탕, 탕
어디일까
이곳은?
만성적 빈혈의 지옥별 행성에서
날마다 탈출을 꿈꾸고 있어

떨켜

　나뭇가지 사이 종잇장 같은 달뜨고 바람소리 귓등 때리며 지나간다 안간힘 쓰며 남아 있던 마지막 한 잎 떨궈 버린 채 돌아서는 발끝 수북이 쌓여 썩어 가는 이파리 가득하다 물기 빠져나간 육체에 갇혀 한 시절이 가고 나도 읽을 수 없는 문장 되어 부서져 내린다 너를 위해 빛나던 단풍의 절정 어디에도 없다 후회는 언제나 때늦게 오는 것 저렇듯 비어 있는 허공은 누구 향한 기다림일까 직립의 자세로 꼿꼿이 하늘 겨누고 서서 가진 것 다 내어준 내 마음의 떨켜 자라고 있다

　얼마나 많은 추억들 너의 곁 떠나 잘 익은 포도주 냄새로 고요히 흙으로 돌아갔는지…… 외투 하나 없이 겨울을 견디는 숲에서 일어서는 법 배운다

검은 연미복

  장례식장은 죽은 자와 산 자의 이별 식 위해 붐비네
  검은 연미복은 두 손 깍지낀 채 마지막 입맞춤 기다리네
  조문객의 흰 국화송이 시들기 전에 햇빛 쏟아지던 사랑의 탄성 묻어두네
  비 내리는 지상의 울음소리 들리지 말기를 기도하네
  살아 누리지 못했던 편안함과 따뜻함을 간직하고 싶어하네
  떠나는 자의 아름다운 뒷모습 남기네

인간은 달과 같아서

인간은 달과 같아서
어느 누구에게도 보이지 않는
어두운 면을 갖고 있다고 한다*
누구에게나 안보이고 싶은 어둠은 있는 것
인간은 달과 같아서
달은 밤의 자궁을
활짝 열어 젖히고
사람의 어둠에 닻을 올린다
인간은 달과 같아서

* 마크 트웨인

변신

　(미국 네바다주는 때아니게 출몰한 귀뚜라미 떼로 도시 전체가 마비상태에 빠졌다 집도 거리도 온통 시커먼 유령의 도시로 바뀐 그곳에는 길바닥에 너무 많은 귀뚜라미 떼 깔려 마치 길 자체가 움직이는 거대한 벌레 같았다 갑자기 귀뚜라미 떼가 늘어난 것은 몇 년째 따뜻한 겨울이 계속되면서 그들의 개체수가 늘어났기 때문이라는데 영화에서 보던 곤충의 습격이 현실로 나타난 것이다 티브이 화면은 계속해서 생방송으로 보여주고 있다 귀뚜라미, 검은 길이 흘러간다 끝없이……)

　콜타르로 범벅된 내가 길 한복판에 납작 붙어 있다 일어나려고 팔다리 허우적거리지만 소용이 없다 수많은 사람들 흙 묻은 발로 나를 밟고 지나간다 사막 끝에서부터 이어지는 순례자행렬 성호를 그으며 신을 부른다 그러나 신은 너무 바빠서 여기 올 수가 없다 늘 부재중인 신을 위해 사람들은 거대한 십자가를 만들고 교회를 세웠다

　얼굴 위에서 사정없이 캐터필러 돌아가고
　꿈은 인화되지 않는다 가위눌린 채 숨을 헐떡이며 나

또한
 서서히 검은 화석이 되어간다

달걀 속의 詩

그가 내 머리칼을 뽑았다
그가 내 이빨을 부러뜨렸다
그가 내 눈알을 후벼팠다
그가 내 귀를 잘랐다
그가 내 혓바닥을 잘라 버렸다
그가 내 오른쪽 팔을 도끼로 내려 쳤다
그가 내 왼쪽 팔을 도끼로 내려쳤다
그가 내 오른쪽 다리를 잡아 뽑았다
그가 내 왼쪽 다리를 잡아 뽑았다

드디어 그날이다

털 뽑고 껍질 벗겨 펄펄 끓는 기름가마에
던져지는, 일회용 비닐 팩 담겨진 채 매춘부처럼
팔려나가길 기다리는 달걀 속의
시詩

웃는 하느님

굳어버린 내 몸 속
따뜻한 피 돌게 하시는
하느님!
당신은 어디 숨어
可 可 可
웃고 계시나

공도空島

그곳에 가려면
신발도 벗고
화장기도 색기도 지워야 하리

아무 것도 못 본체
세상의 재미란 모두 잊었다는 듯
바람결 물결 따라 가야 하리

주기만 하고 받은 것 없는
헐한 여자 같은 섬

그곳에 가려면
파도가 절벽을 삼키기 전
바다와 한 몸이 되어야 하리

햇빛 속으로

햇빛 속으로 걸어 들어갔다

햇빛 속에 잠자리 떼 풀어놓았다

기억의 푸른 포충망마다 스쳐 지나가는

잠자리의 날개들

그 날개 끝에 실려 잃어버린 하늘이

성큼 다가왔다

이마 가까이 내려앉았다

눈썹까지 구름이 흘렀다

꽃보다 아름다워

활짝
절정인 꽃보다

이제 막 눈뜨는 연초록 새순이, 터지려는 봉오리가, 꽁꽁 언 땅 뚫고 싹틔운 잡풀이, 졸졸 흐르는 도랑물이, 못물에서 헤엄치는 올챙이가, 재잘대는 산새소리가, 향기보다 두엄냄새가, 그리고 그 풍경 뒤로하고 허리 구부려 씨뿌리는 사람들 눈부시고

기쁨대신 우리 내부에 잠재운 슬픔이
고통에 절여진 침묵의 한 순간이
완성보다는 미완의 생이
더 아름다워라
이 봄날

초록빛 적멸

이른 새벽 산을 오르는데
어디선가 적막 깨치며
딱다그르르, 딱딱—
잠 덜 깬 머리 후려치는
목탁소리
놀라 고개 들어 두리번거리는 눈앞에
잿빛 딱따구리 한 마리
저만치 나무 등걸에 수직으로 매달려
구멍 뚫기 한창이다
몸으로 지은 절 한 채
무아지경 독경소리
천지사방 초록빛 적멸로 환해지는
탁목啄木의 깨우침에
온 우주가 꽃피어 눈부시다

비 내린 아침 숲에 들면

훅, 물비린내 섞여
잠결에 놓친 달큰한 냄새
초록 물감 엎질러 놓은
꽃핀 환한 중심마다
나를 심어놓고
"너도 꽃이야" 한다
나는 한 번도 꽃인 기억이 없어
그냥 멍하니 바라보는데
다시 한 번 귓속에 대고 "너도 꽃이야"
다정히 속삭인다
우두커니 낯선 침입자인 내게
우우- 커다란 손 나팔 소리
"우리 모두 꽃이야"
"사람은 모두 꽃이야"
그럴까? 정말 그럴까?
나 한 번도 꽃인 적 없어
늘 꽃피고 싶었는데……

비에 흠뻑 젖은 물음표 달고
이 가지에서 저 가지로 새떼 온 몸으로

생을 사느라 분주하다

휴대폰과 나만의 이미지를 위한 접속 프로그램

  지하에서도 지상의 그대에게 전송된다
  전동차 속에서 구워진 목소리가 디지털로 귓전에 꽂힐 것이다
  세계를 향해 나를 업그레이드시키며

  (휴대폰과나만의이미지프로그램간에접속을위하여다음과같은순서를확인할것사용자는pc에나만의이미지프로그램을설치하시압휴대폰과휴대폰모델에맞는데이터케이블을확인후휴대폰에맞는정품케이블을사용해야만될것임)

  지구를 한 바퀴 돌지 않고도 그대를 만난다
  광케이블 깔린 정보의 블랙홀에서 합성된 이미지 클릭하고 있다
  홀로그램으로 사이버 공간 속을 떠다니며 복제되는

  어떻게 밖으로 나갈까?

맨드라미, 맨드라미

재개발에 밀려나
텅, 텅, 텅,
빈집

주인 잃은 유실물처럼
온종일
저 혼자 어안이 벙벙

그날은
산 자가 더 기막힌 날이었다

풀씨 몇 개 마른 볕의 입김으로

산에 올랐다
작은 언덕 같은 등허리마다
황토 흙이 드러났다
키 작은 상수리나무와 잡풀이
키를 맞추고 있다
이름 모를 꽃과 열매로 치장한 채
가을이 서 있었다

내 안 깊숙한 곳에서 풀씨 몇 개
마른 볕의 입김으로 날아갔다
나도 그 옆에 앉아 있기로 했다

열매는 뜨겁다

붉게 젖은 노을 이마 달구고 있다
지구를 마흔 바퀴 돌아온 바람 잎잎이
그늘 만들어 지친 모든 것
쉬게 한다 불칼 들고 쳐들어오는
방화범 사내 적색경보 울려대고
속수무책 숨을 곳 없는 나무들
단풍들어 타오른다 불타오른다
격렬한 정사 뒤 살을 찢고 터져 나오는
소리 같은 저 붉은 열매
잎보다 열매가 더 뜨겁다는 걸 용광로처럼
펄펄 끓는 나무는 안다

종신서원 마친 수도자 같은 밤이 오리라
하루를 마감한 고단한 뿌리
지상의 모든 길과 지독한 연애가 하고 싶은
세상의 나무들

감자 꽃, 어머니

1
땡볕에 오글오글 얼굴 맞댄 채
치마폭 가득 햇살 푸지게 퍼담는다
아직 알이 여물지 않은 자식 위해
살갗 벗겨지는 줄 모르고 밭고랑에 앉아 있다
자주색 흰색 꽃향기 좇아 날아들던
벌과 나비의 기억 다 잊었다는 듯
허리 휘어지게 평생이 흘러갔다
장대비 맞던 생生 쇠기둥 박았다

2
줄기를 잡아당기자 줄줄이 매달려 올라오는
크고 작은 머리통들 정겹다
어둠 속에서 환한 날 날마다 꿈꾸었으리
더러 호미에 찍혀 생채기 나고 살점 떨어져도
귀하지 않은 놈 하나 없었으리

군자란

꽃문이 열리고
꽃길 하나 보였다
군자가 가는 길이 보였다
큰길이다

생은 협궤열차를 반복한다*

잠풀들 잘 여문 씨앗 터지는 소리
물고기 물 박차고 오르는 소리
잠자리 날아오르는 소리
수면에서 졸던 소금쟁이 미끄러지는 소리

생은 협궤열차를 반복한다 살아 있음의 왁자한
소란스러움 속에 자신의 전 존재 알리며

낡은 신발 물가에 벗어두고 늪 속으로 걸어 들어간다
물뱀 한 마리 발가락 사이로 감겨들고
마을 쪽으로 바람이 분다
두고 온 것들은 무엇이든 그리워져
입안 가득 추억처럼 서걱거린다

오래도록 먼 길 돌아왔다 발은 부르트고
한 점 그늘 없이 이곳은 너무 뜨겁다

흰 뺨 검둥오리 떼 하늘호수 뛰어드는 소리
아이들 물수제비 뜨는 소리
쇠물닭 신나게 헤엄치는 소리, 소리들

모든 살아 있는 것들의 장엄한 외침

* 삼라만상은 가차웁고 뜻은 머흘다. 생은 협궤열차를 반복한다. 장소와 방향은 태업 중이다. 그는 존재할 뿐이다. 시인은 박쥐하다. 그는 숭어하다. 물음표는 이끼를 긁는다. 두껍게 더께를 얹은 침묵이 포말사이를 뒤채고 있다. (* '박쥐하다'는 쉬뻬르비엘이 만든 조어임)—정과리

| 최춘희의 시세계 |

고통 속에서 써내려간 여행의 기록

김유중
(한국항공대학교 교수, 문학평론가)

1. 생이라는 모순덩어리 - 시작의 이유에 대해서

    팔뚝에 꽂힌
    주사바늘 따라 방울방울 떨어져 내리는
    삶의 애착들
    병든 가슴과 폐를 절개한 채
    산소 호흡기 쓴 하루가 긴 그림자 끌며
    복도 끝에서 얼굴 내민다
    밤새도록 정체 모를 너에게 쫓겨
    가위 눌렸다
                       —「지루한 하루」 부분

부패된 향기 병실 안을 꽉 채우고 있다 닫혀진 문틈사이 물컹거리는 살집 헤집고 딱딱한 비누 같은 영혼 시궁쥐처럼 갉아먹으며 상처에서 뿜어지는 역한 핏물과 고름 발효되어 흘러 넘친다. 코에 연결된 산소 줄, 오줌보에 꽂혀진 소변 줄, 시퍼렇게 멍든 팔목 힘겹게 매달린 링거 병, 수술 부위에 박혀 끊임없이 토마토즙액 같은 핏물 게워내는 피 주머니 주렁주렁 매단 채 몸 밖으로 주르르-, 함부로 내다버린 개숫물 같은 주위 담을 수 없는 생이 쏟아진다

―「도드리」부분

살아 있다는 사실 자체가 고역인 것처럼 느껴질 때가 있다. 위 인용시에 보이는 구절들의 내용이 바로 그런 경우일 것이다. 만신창이가 된 몸으로 병실에서 누워 있어야 할 때, 누구라도 문득, 이런 삶이란 과연 살만한 가치가 있는 것인가라는 의문이 들게 마련이다. 사실 이 정도의 병이라면, 육신만이 아니라 영혼도 갉아먹는다고 해야 옳을 것이다. 피폐해질대로 피폐해진 영혼과 육신을 이끌고, 그러나 시인은 오늘도 시를 쓴다. 이 경우 시란 자신의 삶을 구원하기 위한 유일한 통로요 열쇠라고 해야 할 것이다. 그것은 결코 포기할 수 없는, 존재를 향한 '애착'이며 의지인 것이다.

삶은 그렇게 '난수표'(「소리 깊은 집 1」)처럼 시인 앞에 놓여 있다. 그는 그 뜻도 모른 채 스스로의 운명 앞에 내동댕이쳐 진 채 버려져 있다. 왜 사는지, 무엇 때문에 살아가야 하는지도 모르는 가운데 하루하루가 지난다. 사실 그도 잘 모른다. '살아 내야 할 그 무엇 있어 / 다음 기차를 기다리는'(「봄날의 기차는 떠나네」)지를.

그렇기 때문일까. 그는 자신의 생이 맞닥뜨린 이 모순된 운명을 우선 시작을 통해 처절하게 기록해내는 작업을 지속해왔다. 주어진 모든 것들은 혼돈이고 모순이다. 다만, 여기서 그와 같은 혼돈과 모순에 대응하기 위한 기록으로서의 시작만이 빛을 발할 뿐이다.

아직도 되어야 할 존재가 되지 못한 것들
생의 완성을 위해 미완의 곁가지 부러뜨린다
꽃을 피우려고 잠시 어둠 속에 뿌리 눕히듯
하루치 희망을 위해 절망을 독약처럼
삼키는 밤도 있다
―「화살나무는 화살이 되지 못했다」 부분

삶은 누수중
조금씩 떨어져 나가는 살점 들

막힌 물길 속에서
푸른 뇌수 뿜어 올리지
―「소리 깊은 집 9 - 미나리꽝」 부분

    누런 은행잎 보도블록 가득 쓸려간다 눈부신 황금빛으로 거리를 장식하더니 비바람에 떨어져 내려 발밑에 뒹굴고 있다 아름다운 건 너무 짧은 것일까 스쳐 가는 인연 꽃 진자리 들여다보며 봄날을 다 보냈다 그 아픈 꽃자리 상처난 조개가 진주를 품듯 붉은 열매 하나 옹이처럼 매달려 익고 있다 마지막 남은 햇볕 온몸으로 빨아들이며 생의 모든 것 중심을 향해 응축시킨다 서리 낀 공기의 입자들 입김을 불며 가슴 한쪽 뚫고 지나가는 거리에 서서, 나도 당신에게 박혀 빛나는 이름이고 싶다
―「거리에 서서」 전문

    분명 그랬다. 그에게 있어 시작이란 '하루치 희망을 위해 절망을 독약처럼 삼키는' 과정이었다고 할 수 있을 것이다. 어쩌면 그는 불가능해 보이는 '생의 완성'을 시를 통해 달성하려 했던 것인

지도 몰랐다. 그렇다면 그에게 시란 바로 '막힌 물길 속에서 / 푸른 뇌수'를 뽑아올리는 처절한 투쟁의 기록이라 할 수 있지 않을까. 그것은 짧은 한 순간의 아름다움을 위해, '생의 모든 것'을 '중심을 향해 응축시키'는 자기 헌신의 결집된 노력이라고 해야 하지 않을까.

과연 스스로의 삶을 불태워가면서까지 이런 것들에 집착하고 매달릴 필요가 있을까. 그 필요성을 일부 인정한다 하더라도, 이와 같은 시인의 태도는 다소 지나친 것이 아닌가. 어쩌면 그것은 스스로의 삶에 대한 파괴를 부채질하는 작업이 아닌가. 그러나 이 점에 대해 시인은 단호히 〈아니다〉라고 외치고 있는 듯하다.

그의 논리는 이러하다. 비록 그가 육체적으로 병들고 지친 것은 사실이지만, 어쩌면 그보다도 더 병든 것은 현대 문명이며, 우리의 주변 환경이며, 인간 전체의 의식이라고. 그대로 둔다면 틀림없이 질식해버릴 것만 같은 이 위급한 상황들 속에서, 시작이야말로 그의 삶과 영혼에 빛을 던져주는 유일한 희망이자 통로일 것이라고.

아, 불길해라 거리에서나 지하철에서 수도 없이 마주치는 사이비 예언자의 종말론이 가슴을 뜯어낸다 종횡무진 게릴라 전법으로 여기저기를 공격하는 세계를 향해 물밀듯이 포문을 연 창세기이후 고장난 적 없던 자연의 초정밀 자동 센서 감지기능을 상실해버린 세기말의 문턱, 환경학자는 지구의 마지막 허파꽈리 브라질 열대림을 보호해야 한다고 아우성이고 아기예수 오줌방울은 하늘로 올라가 온 세계를 노아의 방주로 떠다니게 한다 모든 존재하는 것들의 자동면역시스템이 갑자기 무너져 내렸다 캄캄한 내 몸 속 텅 빈 그 곳도 비상발전기조차 가동되지 않는다 드나드는 사람도 없는데 사방에서 요란한 경보 울리고 …… 그러나 나는 독서 중
　　　　　　―「그러나 나는 독서 중」 부분

피를 쏟으며 돌고 있어
　　　지혈이 되지 않아
　　　… (중략) …
　　　어디일까
　　　이곳은?
　　　만성적 빈혈의 지옥별 행성에서
　　　날마다 탈출을 꿈꾸고 있어
　　　　　　　─「나는 저 너머로 공간 이동중이다」 부분

　시인에 따르면 이미 우리가 사는 행성 지구는 '모든 존재하는 것들의 자동면역시스템'이 무너져내린, 더 이상은 희망이 남아 있지 않은 별이다. 이러한 그의 절망적인 인식은 단순히 자연 파괴로 인한 환경적인 재앙에만 그 원인이 있지 않다. 한 마디로 이 모든 것들은 문명의 오만이 만들어낸 피치 못할 결과인 것이다. 어디서부터 손을 써야 할지 모를 이러한 절망적인 상황 속에서, 그는 이 행성의 현실을 '만성적 빈혈의 지옥별'에 비유한다.

　그리하여 그는 이 행성으로부터 '날마다 탈출을 꿈'꾼다. 병든 자신의 육체보다도, 그를 둘러싼 주위의 현실이 더욱 병들어 있음을 느끼는 순간, 그는 자신이 시쓰기를 멈추지 못할 운명이라는 것을 깨닫게 된다. 시작이야말로 그가 이 병든 세계를 탈출할 수 있는, 그리고 궁극적으로는 그 자신과 이 세계를 구원할 수 있는 마지막 희망이자 보루이기 때문이다. 이제 그에게는 시작을 지속해야 할 절박한 이유가 하나 더 추가되게 된 셈이다.

2. 길, 집, 그리고 기억

　반드시 살아가야 할 어떤 필연적인 이유가 있기에 사는 것은 물론 아니다. 다만 우리 앞에 주어진 삶이 있기에 살아가는 것일 뿐이다. 삶이란 언제든 모순의 연속으로 우리 앞에 펼쳐져 있다. 그런 상황 속에서 존재와의 진실된 만남의 순간은 항상 지연되게 마련이고, 우리는 그러한 지연된 삶 속에서 끊임없이 좌절하며 절망을 경험하게 된다. 그리고 그러한 가운데, 때론 우리를 포함한 모든 존재에게 주어진 삶에 대해 근원적인 의문을 품기도 한다.

최춘희의 시에도 이러한 삶의 모순으로 인해 빚어진 좌절과 절망, 그리고 이와 연관된 존재에 대한 근원적인 의문의 다채로운 양상들이 진솔하게 등장하곤 한다.

> 생의 비의를 읽던 잉크빛 푸르던 두 눈은 움푹 패인 채 전원이 꺼졌다
> 소용돌이치며 부풀어 오르던 거대한 자본의 빵 덩어리
> 부스러기 하나도 줍지 못한 채 폐기처분 고물이 되어버린
> 문명의 부장품, 누가 악취 풍기는 뒷골목 하치장에 던져 놓았나
> 이미 너무 많은 부품들이 뜯겨나가고 해체되었다
> … (중략) …
> 아날로그에서 디지털로 최첨단 속도로 텅, 텅, 텅 비워지는
> 기계인간의 세상 어디에도 그가 살았던 흔적 남지 않는다
> ―「어떤 풍화」 부분

> 한때는 깊은 바다 속 신나게 헤엄치던
> 지조 있는 물고기였지, 잘 나가던 시절이었어
> …중략…
> 둥근 실직의 상머리에 놓여진
> 과. 메. 기 우리의 모습이 쓸쓸하다
> ―「과메기」 부분

시인에게 생은 아무리 이해하려 해도 해독이 불가능한 암호와도 같다. 열심히 살았던 자에게 최소한의 보상도 해주지 않고 끝맺음을 강요하기도 하는 것이 삶이다. 그런 삶 속에서 그는 허탈함과 함께 쓰라린 좌절감을 느끼게 된다. 누군가가 살았다는, 사는 동안에 힘껏 열심히 노력하였다는 어떠한 '흔적'조차도 남겨놓지 않고 지워버리는 것이 바로 우리에게 주어진 인생이며 운명이다. 이때의 난감함이란 마치 최선을 다해 회사를 위해 노력하였음에도 불구하고, 결과적으로는 해고 조치를 당하고만 실직자의 이미지(「과메기」)와도 흡사하다.

생은 어쩌면 이처럼 우리가 감내하기에는 너무나도 잔인한 것일 수도 있다. 주어진 목적지도 방향도 정확히 모른 채, 어딘지도 모를 곳을 향해 끊임없이 내달려야 한다는 사실은 우리를 비참하게 만든다. 더욱 문제가 되는 것은 한순간이라도 그러한 걸음을 느슨하게 하는 순간, 우리는 곧장 '폐기 처분'되어야 할 '고물'로 분류된다는 사실이다. 현대 문명은 이와 같이 잔인한 구도를 더욱 가속화시켰다. 우리 모두는 길 위에서 나고 자라서, 마침내는 길 위에서 사라질 운명들을 타고난 존재인 것이다.

> 길에서 시작해 길로 끝나는 영화처럼
> 집 한 채 저물고 있다
> 한세상 버티고 있다
> ―「소리 깊은 집 6」 부분

검은 길이 흘러간다 끝없이……

콜타르로 범벅된 내가 길 한복판에 납작 붙어 있다 일어나려고 팔다리 허우적거리지만 소용이 없다 수많은 사람들 흙 묻은 발로 나

를 밟고 지나간다 사막 끝에서부터 이어지는 순례자 행렬 성호를 그
으며 신을 부른다 그러나 신은 너무 바빠서 여기 올 수가 없다 늘 부
재중인 신을 위해 사람들은 거대한 십자가를 만들고 교회를 세웠다
—「변신」 부분

먼지 날리는 모래벌판 걸어갔다
목적지도 모르면서 걷고 또 걸었다
갑자기 커다란 밭 하나 펼쳐졌다
붉게 익어 매달린 풍요의 땅 거기 있었다
구원을 약속하듯 토마토가 달려 있었다
열매를 따기 시작하자 거대한 화산 솟구쳤다
핏빛으로 타오르는 소돔의 성채
내가 발견한 것은 더 이상 신의 땅이 아니었다
낙원에서 쫓겨난 자의 영혼은
어디서도 안식을 구할 수 없는 것일까
끝이 보이지 않는 길에서 나는 보았다
마르지 않는 사막의 금지된 땅
꿈속에서 비명소리는
목구멍에 가시처럼 걸렸다
—「꿈 이야기」 전문

길은 끊어져 보이지 않는다
왕성한 욕망으로 앞이 보이지 않는
안개의 방호벽 쌓고
스스로 갇혀버렸다
안개바다에는 노아의 방주가 없다
—「안개바다」 부분

그런데 여기서 분명한 것은 그러한 길 위에서의 삶이 지속되는 한, 그 어느 곳에서도 제대로 된 안식을 구할 수 없으리라는 점이다. 그 길은 '끝이 보이지 않는 길'이거나, 또는 '왕성한 욕망으로 앞이 보이지 않는' 길일 것이기 때문이다. 그 길 위에서의 목적지 찾기란 사실상 불가능하다.

삶의 궁극적인 목적지를 찾을 수 없으리라는 이러한 인식은 우리를 비참하게 만든다. 집으로 향하는 모든 길은 끊어져버렸다. 우리 삶은 안식을 허용치 않는다. 끊어진 길 위에서, 우리가 만나는 이 세상의 모든 집들은 더 이상 우리를 안식에 이르게 하는 그런 집이 아니다. 그것은 이미 집으로서의 용도나 기능을 상실한 집인 까닭이다. 이런 집에는 더 이상 사람이 살지 않는다.

최춘희의 이번 시집에서 '빈 집'의 이미지가 자주 등장하는 것은 이런 이유 때문이다.

> 산그늘 밑 웅크린 집 한 채 있네
> 기억의 끝에서 지워진지 오래된 집
> 햇빛도 발걸음 비켜가고
> 밤이면 숨죽여 우는
> 이 집의 주인은 어디?
>
> 생각은 잠시
> 마음의 늪 건너뛰고
> 나, 이미 오래된 빈집이네
>
> ―「빈 집」 전문

> 밤이면 비가림도 되지 못하는 잠자리에서
> 서로의 체온 데워 몸을 녹이고

프레스에 잘린 손가락 마디만큼 시린 통증에
뼛속까지 울었으리라
겨울아침 산길 오르다 본다
하얗게 잔뼈 드러낸 잡목 덤불사이
위태롭게 매달린 바람아래 빈 둥지
어느 일가의 가족사 훔쳐 읽는다
한때는 집이었고
전 생애의 목숨이었고
따스한 희망이었던
―「빈 둥지에 남은 것」부분

억새 우거진 수풀아래 두 줄기 물줄기 버려진 그 집 싸안고 있다 태아처럼 웅크린 채 달디단 잠의 젖니 삭아 내리고 있다 얼마나 오랫동안 버려졌는지 떨어져나간 문짝 잡초더미 속 허옇게 벌레 알 슬어 녹슨 문고리만 남았다 뻥-뚫린 검은 입, 마른 나뭇잎 같은 창의 흔적 아프고 지붕 밑 서까래 불에 그슬린 등뼈 눈에 밟힌다 귀기울이면 가만가만 어디선가 꺾인 풀처럼 목매달아 자살한 사람의 울음소리, 그늘 넓은 마당의 거친 숨소리, 소리가 깊다 패인 상처의 문지방 너무 가깝다 삶과 죽음의 경계 이토록 흔적 없다니! 아뿔싸, 나 또한 함부로 여기 들었구나 독오른 뱀처럼 탯줄 끊어낸 폐가의 그림자 가슴에 묻는다 길을 잃은 자 아직은 붉은 노을 바다에 발 빠뜨리지 마라
―「소리 깊은 집 2」전문

주인 잃은 호박덩굴 가시 철망 끝 심심한 얼굴이다 어디로 갔을까, 여기 살던 이 모두 어느 하늘밑 둥지를 틀었는지 철거반에 쫓겨간 봄날 이후 소식 끊겼다 해마다 홍수가 져서 변소간 똥물 부엌이

며 방으로 넘쳐흘렀다 이불이며, 티브이, 밥그릇…… 손때 묻은 살림살이 시커먼 어둠 속 떠다니고 비에 젖은 뜬눈으로 밤을 지킨 그들에게 삶은 받아들일 수밖에 없는 억지일 뿐, 그 이상도 이하도 아니었다 아이는 자라서 어른을 앞지르고 가난은 자라서 가난의 굴레 덤으로 얹어 주었다 잡초 우거진 꽃밭 찾아오는 사람 없이 채송화, 금잔화, 맨드라미, 해바라기 뙤약볕 아래 이글거리고 하릴 없이 나는 도깨비바늘처럼 수많은 그리움 매달고 서서 사람 떠나간 뚝방 동네 해가 져도 불빛 한 점 켜지지 않는 골목길 향해 휘파람 불어본다
―「도깨비바늘처럼 수많은 그리움 매달고 서서」 전문

시인에게 집이란 이제 누군가가 살았었다는 흔적만이 오롯이 남겨져 있는 공간일 따름이다. 집으로 가는 길이 사라지자, 집도 따라 비어버렸다. 우리의 존재는 더 이상 안주할 처소를 잃고 만 것이다.

마음 편히 안주할 곳조차 주어지지 않은 이 땅 위에서의 삶이란 과연 무엇인가. 다가서야 할 목적지가 아닌, 아득히 넘실대는 과거의 기억 속에서만, 그리움으로만 우리를 향해 다가오는 집이란 과연 무엇인가. 비어 있는 집의 이미지와 함께, 시인의 머릿 속에 떠오르는 의문들은 바로 이런 것이었으리라.

그런 의문들을 하나하나 되짚어 보는 가운데에서, 시인의 시작은 간단없이 이어진다. 그것은 그에게 때론 다음과 같은 자그마한 위안의 계기를 마련해주기도 한다.

무거운 신발은 잊기로 했어
물소리 바람소리 죄다 따라와
귀 씻어주는 숲길
여기서는 누구나

즐거운 산책자라네
　　　　　　　―「즐거운 산책자」 부분

꽃문이 열리고
꽃길 하나 보였다
군자가 가는 길이 보였다
큰길이다
　　　　　　　―「군자란」 전문

　물론 이와 같은 계기들이 결정적이라거나 근본적인 해결책의 마련을 시사해주는 것은 아니다. 주위 현실을 잠시 접어둔 상태에서 빚어진, 내면의 희망이자 환상에 불과할 것이기 때문이다. 그것이 전해주는 위안은 일시적인 것에 그친다. 시작에서 이러한 환상과 위안은 필요한 것이기는 하나, 그것에 맹목적으로 함몰될 때에는 또 다른 위험성들이 출현할 수 있다는 점을 명심하여야만 한다. 현실을 의식하지 않는 환상이란 무용하기에 앞서 유해할 수 있다. 그것은 인간의 사고와 감각을 일시적으로 마비시키는 최면과도 같은 것이기 때문이다.
　시인 역시 이러한 사실을 비교적 잘 알고 있는 듯하다. 그는 곧 자신이 처한 현실로 되돌아와, 스스로에 대해 엄격해지기 위해 노력한다. 그런 그의 자세는 우리에게 시인다운 치열함과 성실함의 의미를 일깨워준다. 시인으로서 스스로를 그렇게 엄격하게 관리하는 동안, 그는 운명처럼 그에게 주어진 생의 모순들을 풀 수 있는 또 다른 계기들을 발견하게 되는 것이다.

3. 잃어버린 소리를 찾아서

모든 존재는 저마다의 고유한 소리를 지니고 있다. 각각의 존재는 소리가 지닌 이와 같은 고유한 빛깔과 무게로 인하여 다른 존재들과 구분되며, 그러한 소리들이 서로 어우러질 때 이 세계는 비로소 조화로운 화음을 연출하게 되는 것이다.

문제는 존재가 그 자신의 고유한 속성인 소리를 잃었을 때 발생한다. 무언가에 의해 더 이상 소리를 내고 싶어도 낼 수 없게 되었을 때, 즉 자신이 지닌 원래의 소리를 내지 못하게 되었을 때, 이는 존재에게 위기가 닥쳤다는 신호이다. 이 경우 소리를 잃는다는 것은 존재에겐 자신의 고유한 존재성을 잃는다는 말과 동일하다. 세상과의 조화로운 관계는 일순간 파괴되고, 존재로서의 기능은 마비된다. 주위 존재들과의 절연된 관계 속에서, 할 수 있는 것이라곤 다만 원래의 소리를 잃었음을 알리는 외마디 비명뿐이다. 그 처절한 소리는 존재로서의 고유함이 파괴되었음을 확인시켜주는 절규이며, 소리를 잃었음으로 인한 고통의 자기 확인일 것이다.

최춘희의 시 곳곳에는 이와 같이 존재 자체의 고유한 소리를 상실한 자의 아픔과 슬픔이 진하게 배어 있다.

> 소리는 반 토막 되어 목구멍에 걸려
> 헉헉거릴 뿐,
>
> ―「지루한 하루」 부분

송전 탑 위에 중세의 수도사처럼 까마귀 떼 앉아 있다 간빙기를 건너온 날개 죽지 접은 채 바람을 가르는 고압선의 비명 견디고 있다 눈보라 몰아치는 겨울산정에 오직 난청의 귀 하나 열어놓고 아침이 열리길 기다리는 어둠의 신탁자, 나는 오늘도 할 말을 놓치고 얼

어붙은 말의 주검 건져 올린다 소리 깊은 소리 쑤셔 넣는다 소리의
기억을 지우는 또 다른 소리들 수 천만 볼트 전류가 되어 정수리에
내려꽂힌다
　완강히 입 다문 소리여
　꼿꼿이 검은 미라가 되어버린 예언자여

　나 그대에게 생의 첫새벽을 바치리
　　　　　―「소리 깊은 집 3 - 까마귀가 있는 풍경」 전문

　뇌 속 가득 꿈틀대는 거머리 떼
　비명 소리 들리니?
　　　　　　―「소리 깊은 집 9 - 미나리꽝」 부분

　소리를 잃는다는 것은 존재에겐 끔찍함 그 자체이다. 그것은 자신의 존재를 증명할 방법을 잃었다는 것이며, 이로 인해 세상과의 통로가 차단되었음을 의미하는 일이기 때문이다. 다시 말해서, 소리를 잃는 순간 존재는 더 이상 존재가 아닌 것이나 마찬가지가 되어버린다. 이 사실을 받아들인다는 것은 더 할 수 없이 잔인한 일이다.
　위 인용시에서 최춘희는 자신에게 벌어진 이러한 끔찍하고도 잔인한 사건들에 대해 가감없이 이야기해주고 있다. 그는 세상을 향해 소리를 들려주려 하지만, 그가 지닌 원래의 소리는 목구멍에 걸려 나오질 못하고 헉헉거린다. 그리하여, 그의 입에서 터져 나오는 것이라곤 단지 그가 소리를 잃었다는 것을 알 수 있게 해주는 외마디 비명뿐이다.
　그에게 닥친 더욱 기막힌 일은 어느 순간부터인가 소리에 대한 기억조차 하나 둘씩 지워져버린다는 사실이다. 시도 때도 없이 연

이어 엄습하는 충격은 마치 '수 천만 볼트 전류'와도 같이 그를 고문한다. 그러한 고문 가운데에서 기억인들 온전히 유지될 수 있으랴. 소리의 기억은 차츰 달아나고, 그 기억을 되찾을 수 있으리라는 희망을 상실한 채, 그는 하루하루를 근근이 버텨나갈 뿐이다.

   소리를 잃고 기억을 잃고, 나아가 희망조차 희미해져버렸을 때, 그에게 마지막 남은 것이라곤 이대로는 절대 그냥 물러설 수 없다는 오기였을 것이다.

> 비 내리는 절벽 후려치며
> 일어서는 달의 뼈
> 어둠 속에 든 흰 뼈가
> 눈부셨다
>
> 소리에도 뼈가 있다는 걸
> 그때 보았다
> 마음의 절벽 하나 무너졌다
>
>   —「소리 깊은 집 11 - 애월涯月」전문

   소리에 대한 정확한 기억은 비록 잃어버렸지만, 소리와 관련된 아련한 이미지는 그대로 보존되어 있었던 것이다. '뼈'와도 같이 단단한 그 이미지는 더 이상 버틸 수 없을지 모른다는 절망적인 상황에서도 힘을 발휘한다. 나도 한때는 소리를 지니고 있었다는 자신감 앞에서 더 이상의 절망은 없다. 소리의 뼈, 그 단단함에 대한 믿음은 그를 지탱해주는 내적인 신념이자 오기인 셈이다.

   언제가 될지는 알 수 없겠지만, 존재의 고유한 소리를 회복할 수 있을 것이라는 새로운 믿음이 싹트기 시작한다. 이제까지 그는 너무 소리를 잃었다는 사실에 대해서만 민감했다. 그러나 더욱 중요

한 것은 소리를 어떻게 원 상태로 회복시킬 것인가 하는 점이다. 그는 스스로를 향해 이렇게 말하였을지 모른다. '나 자신을 믿자. 나의 내부에 존재하는 존재 자체의 고유한 힘을 믿자. 너무 기억에만 매달리지 말자. 존재는 저마다의 고유한 소리를 지니고 있지 않은가. 소리는 존재 내부의 깊숙한 곳에 보존되어 있다는 믿음을 가지자. 언제든 회복할 수 있다는 믿음을 가지자.' 그렇다. 그는 스스로의 존재를 '소리 깊은 집'이라고 믿기 시작한 것이다.

다음 시편들은 그런 그의 희망의 징후들을 담고 있는 것들로 생각된다.

> 시골로 이사온 뒤
> 풀잎처럼 싱싱한 애인이 생겼다
> 야성의 소리로 잠 깨우며
> 생의 보너스 되어 내게 왔다
> 시계 속 뻐꾸기가 아닌 뻐꾸기
> 마음의 빗장 열어 젖힌다
> 어릴 적 아버지 등에 업혀
> 졸며 듣던 그 소리 같아
> 불혹의 고개에서 멈추어 서면
> 돌아보지 마라
> 돌아보지 마라
> 내 젊은 애인
> 심장에 서늘한 어퍼컷 날린다
>
> ─「뻐꾸기 애인」전문

> 이른 새벽 산을 오르는데
> 어디선가 적막 깨치며

딱다그르르, 딱딱―
잠 덜 깬 머리 후려치는
목탁소리
놀라 고개 들어 두리번거리는 눈앞에
잿빛 딱따구리 한 마리
저만치 나무둥걸에 수직으로 매달려
구멍 뚫기 한창이다
몸으로 지은 절 한 채
무아지경 독경소리
천지사방 초록빛 적멸로 환해지는
탁목의 깨우침에
온 우주가 꽃피어 눈부시다

─「초록빛 적멸」 전문

'시계 속의 뻐꾸기' 소리가 자동화된 기억에 의존한 소리라고 한다면, 자연의 뻐꾸기는 존재 본연의 모습을 간직한 '야성의 소리'라고 할 것이다. 그 소리를 들으며 그는 삶에의 새로운 희망과 의지를 지닐 수 있게 된다. 과거의 기억에 얽매이기 보다는 존재 내면의 고유한 소리에 대한 믿음을 잃지 말아야 한다는 생각은 그에게 새로운 일깨움을 전해준다.

어느 날 새벽, 산을 오르다가 귓곁에 들려온 목탁소리. 문득 놀라 돌아보니 그것은 다름 아닌 '딱따구리' 소리였다. 그것은 실로 '무아지경'에서 들려오는 '독경소리'이다. 그렇다면 그 소리야말로 '몸으로 지은 절 한 채'가 아닌가. 그 순간 그는 깨닫는다. 이 소리야말로 존재의 내부에 감추어진 고유한 소리의 현현일 것이라고.

4. 고독과 슬픔은 나의 힘

> 누군가 말했지요
> 봄날은 짧고 사랑은 꿈처럼 지나간다고
> 그대가 심어 논 앵두나무에 꽃은 피고 지고
> 생채기진 자리마다 아픈 기억들
> 붉게 멍울 져 매달리지요
> 그래도, 누구나 한번쯤 세상에 한 그루 밖에 없는
> 그런 꽃나무 갖고 싶지요
> 앵두꽃이
> 지뢰처럼 매복된 그곳에서
> 철없는 아이처럼 세상모르고 서성대지요
> ―「꽃잎을 슬픔처럼 달고」부분

살다보면 어느 순간 모든 것들이 덧없게 느껴지는 때가 있다. 그 누군가의 말에서처럼, '봄날은 짧고 사랑은 꿈처럼 지나'가버린다. 되돌아보면 아픈 기억들만 남아 있을 뿐, 즐거웠던 일들은 너무나도 빨리 지나쳐버리고 만다.

그러나, 그런 와중에도 인간은 무언가 자기 자신만의 고귀한 희망을 담은 존재를 마음속으로부터 키워 나가길 원한다. '세상에 한 그루 밖에 없는/그런 꽃나무'를 가지고 싶고, 또한 그것을 정성스레 가꾸어 나가길 원한다.

생은 처음부터 주어진 것이 아니며, 스스로 개척해나가는 과정이다. 비록 그 과정이 아무리 어렵고 힘들더라도, 우리는 그러한 과정을 일부라도 건너뛰거나 생략할 수가 없다. 그리고 그 과정에서, 때론 예상치 못했던 고난이나 위험과 맞닥뜨리는 경우도 물론 있을 수 있다.

시인의 시에서 간간이 보이는 '바람'의 이미지들은 그런 고난이나 위험의 의미를 지닌 대표적인 예일 것이다.

　　산꼭대기 바위 위 우뚝 선 시멘트 비석이 있다 처음 보았을 때 상투 모양 돌덩이가 신기했다 가까이 가서보니 낭떠러지 떨어진 젊은 한 사내 넋을 기린 묘비였다 가슴 한쪽 구멍 뚫려 바람소리 몰아쳤다 햇빛 따스한 산기슭대신 사나운 바람잡이 터 집을 세운 심사라니, 그 옆에 쪼그리고 앉아 내가 올라온 길 내려다본다 안개에 가려 끊어졌다 이어지는 굽은 길 따라 나도 흠집 많은 육신 버리고 왔다 밤낮없이 비 새던 지붕아래 눈물인지 빗물인지 흘려보낸 날들 부질없고 누덕누덕 기운 욕망의 겉옷 걸레뭉치처럼 나뒹군다 외줄에 몸 매달고 암벽 오르듯 한세상 살아내고 싶었다 해찰하며 보내버린 길 위의 시절 비바람에 찢겨진 나뭇잎같이 썩어 간다 값싸게 팔아치운 저잣거리 영혼 너무 헐겁다 바위틈 비집고 악착같이 생을 칭칭 동여맨 저 소나무, 짙푸른 땀방울 떨어지는 거기, 솔향기 밟는다 바람이 세운 바람무덤 가르고 새 한 마리 솟구친다 나도 솟구치고 싶다
　　　　　―「소리 깊은 집 10 - 바람무덤」 전문

　　　　아름다운 비행을 끝내고 착륙하려는 순간
　　　　공중폭발 해버린 우주왕복선처럼
　　　　면역력 제로의 천사들
　　　　칸칸이 비닐 막 처진 방에서
　　　　절개된 상처 위에 생의 복음 덧바르며
　　　　푸른 싹 키워낸다
　　　　조금 더 사랑하는 사람들 옆에 머물고 싶어
　　　　밤의 절벽에 핀 생명의 붉은 불빛
　　　　그곳에는 아직도 천사가 산다

> 날개 접은 채 웅크리고 누운 천국의 세입자들
> 바람 속을 뚫고 바람아래 그 집에 가고 싶다
> ―「바람 아래 그 집」 부분

바람 앞에 우리의 생은 위태롭게 서 있다. 꺼져가는 생의 촛불은 무방비 상태에서 그러한 바람과 맞서 싸워야 한다. 그러면서 그것을 견디어 내고, 마침내는 이겨내야 한다. 시인의 말대로 우리는 그 바람 앞에서 '악착같이' 우리의 생을 칭칭 동여매고 버텨야 한다.

이렇게 본다면 여기서의 바람이란 결국 우리의 생을 위협하는 요인인 동시에, 우리를 내면적으로 점점 더 강하게 단련시켜주는 외적 조건이라 할 것이다. 결코 여기서 굴복하거나 꺾일 수 없다는 악착같은 신념이 없고서는 생은 개척되지 않는다.

아무리 외롭고 슬프더라도, 그것을 견뎌내고 이겨낼 때에만 생의 완성을 기대해볼 수 있을 것이다. 그런 희망이 없다면 우리는 한 순간도 이 세상을 버텨낼 재간이 없는 존재들이기 때문이다. 인생에서 보다 중요한 것은 결과보다는 과정 자체이다. 고독이나 슬픔은 시인에겐 오히려 인생을 살아가는 데 힘을 불어 넣어주기 위한 전제 조건으로 인식된다.

> 기쁨대신 우리 내부에 잠재운 슬픔이
> 고통에 절여진 침묵의 한 순간이
> 완성보다는 미완의 생이
> 더 아름다워라
> 이 봄날
> ―「꽃보다 아름다워」 부분

완성에의 도달보다는 완성을 꿈꾸면서 그것을 향해가는 과정이 더욱 소중하고 아름답게 생각된다. 위 인용시에서 시인이 전달하고자 하는 바도 바로 이러한 과정의 중요성일 것이다. 그러한 과정 속에서, 생의 완성된 의미를 향한 모든 존재자들의 열정은 불타 오르리라. 진정으로 아름다운 것은 바로 이러한 과정이며 열정이지 않을까.

또한 「열매는 뜨겁다」에서, 시인은 그런 자신의 열정을 타오르는 붉은 열매에 비유한다. 모든 것의 응집된 가능성이며, 또한 완성에는 미치지 못한 미완의 과정이기도 한 열매. 그 열매에는 존재를 향한 그 자신의 열정이 고스란히 담겨 있다. 시인은 열매 속에서 존재 본연의 소리가 잠재되어 있음을 느낀다. 그는 귀 기울여 그 소리를 엿듣고자 시도한다.

이제 그에게 남겨진 임무는 그 소리를 과연 어떤 식으로 찾아서 세상 사람들에게 들려줄 것인가 하는 문제일 터이다. 바야흐로, 길과의 '지독한 연애'가 시작되려는 찰나라고 해야 할 것이다.

> 붉게 젖은 노을 이마 달구고 있다
> 지구를 마흔 바퀴 돌아온 바람 잎잎이
> 그늘 만들어 지친 모든 것
> 쉬게 한다 불칼 들고 쳐들어오는
> 방화범 사내 적색경보 울려대고
> 속수무책 숨을 곳 없는 나무들
> 단풍들어 타오른다 불타오른다
> 격렬한 정사 뒤 살을 찢고 터져 나오는
> 소리 같은 저 붉은 열매
> 잎보다 열매가 더 뜨겁다는 걸 용광로처럼
> 펄펄 끓는 나무는 안다

종신서원 마친 수도자 같은 밤이 오리라
하루를 마감한 고단한 뿌리
지상의 모든 길과 지독한 연애가 하고 싶은
세상의 나무들
　　　　　　　　　　　　—「열매는 뜨겁다」 전문

| 최춘희 |
경남 마산 출생
동국대 예술대학원 문예창작학과 석사과정 졸업
1990년 『현대시』 신인상에 고등어 외 5편으로 등단
시집 『세상 어디선가 다이얼은 돌아가고』
『종이꽃』, 『소리 깊은 집』이 있음
이메일 : poet56@hanmail.net

늑대의 발톱 ⓒ 최춘희 2005

초판인쇄 · 2005년 12월 10일
초판발행 · 2005년 12월 15일

지은이 · 최춘희
펴낸이 · 이선희
펴낸 곳 · 한국문연

주소 · 서울 서대문구 북가좌동 324-1 동화빌라 202호
출판등록 · 1988년 3월 3일 제3-188호
대표전화 · 302-2717 | 팩스 · 302-6053
디지털현대시 · www.koreapoem.co.kr
이메일 · koreapoem@hanmail.net

ISBN 89-89885-78-7 03810

값 6,000원

* 이 시집은 경기문화재단 문화예술진흥지원금을 받았습니다.
* 잘못된 책은 바꾸어 드립니다.